Michaela Russmann

# Fast Food
# VEGAN

Fotos von Udo Einenkel

Bassermann

# Inhalt

## Einladung ins vegane Wunderland   8

Vegan und vegetarisch                          8

Alles Tofu, oder was?                          9

Vegane Stärken                                 9

Vegane Schönheitsfehler                        10

Die zehn besten Ei-Alternativen               12

Veganes Fast Food                              13

Zu diesem Buch                                 13

## Burger & Hotdogs   14

Die Klassiker des Fast Foods kommen hier
im neuen Gewand daher. Ob mexikanisch-feurig,
herrlich gartenfrisch oder exotisch asiatisch –
diese Burger und Hotdogs überraschen selbst
eingefleischte Schnellgerichtkenner!

## Wraps, Pitas & Dips  38

Sie gehen schnell und verführen mit immer neuen,
frischen Zutaten. Wraps und Pitas, mit cremigen Dips
kombiniert, sind nicht nur ideal für unterwegs,
sondern bleiben garantiert auch auf keinem
Partyteller liegen.

## Pommes, Wedges & Salate  58

Sie sind wahrscheinlich der beliebteste Snack überhaupt.
Pommes und Wedges werden von Groß und Klein gern genascht.
Selbst zubereitet und mit einem frischen Salat kombiniert bieten
sie Genuss ohne schlechtes Gewissen.

Register  72
Impressum und Autorenvita  74

# Einladung ins vegane Wunderland

Clint Eastwood tut es, Liv Tyler ebenfalls, Carl Lewis macht es, Leonardo da Vinci tat es und Mike Tyson tut es noch – sie alle essen keine tierischen Produkte, sprich: Sie ernähren sich vegan. Veganismus hat in den letzten Jahren einen großen Aufschwung erfahren. Vegan ist das neue Schwarz. Es ist hip, es ist trendy, es ist gesund und es ist besser fürs Gewissen.

Vielen Menschen erscheint eine Ernährung ohne jegliche tierische Produkte suspekt. Verwunderlich ist das kaum, wurde eine ausgewogene Ernährung doch stets mit Eiern, Fleisch, Milch und Butter in Verbindung gebracht und vegane Ernährung als der pure Verzicht betrachtet. Bei der intensiveren Auseinandersetzung mit dem Thema »vegan« stößt man jedoch rasch auf genügend Vorteile – Gesundheit, voller Geschmack, Freude und unendlich viel Abwechslung sind garantiert.

## Vegan und vegetarisch

Die große Gemeinsamkeit von Veganern und Vegetariern ist der Verzicht auf Fleisch und Fisch. Je nach Typ konsumieren Vegetarier im Unterschied zu Veganern noch Milchprodukte und Eier – Typ Ovo-Lacto-Vegetarier – oder nur Eier – Typ Lacto-Vegetarier –, wohingegen Veganer in ihrer Ernährung vollständig auf tierische Produkte verzichten. Und nicht nur in der Ernährung, sondern in der Lebensweise überhaupt, denn auch beim Einkauf von Non-Food-Produkten wie Wasch-

und Reinigungsmitteln, Kosmetika, Farben, Schuhen, Kleidung u. Ä. wird auf die Prädikate »tierfrei« und »ohne Tierversuche« geachtet.

## Alles Tofu, oder was?

Sich vegan zu ernähren bedeutet nun aber mehr, als nur Tofu in den verschiedensten Varianten zuzubereiten. Produkte wie Seitan (Weizeneiweiß), Sojamilch und andere Pflanzenmilchsorten wie Mandel- oder Hafermilch und im Handel erhältliche Sojaprodukte wie z. B. Wiener Würstl machen den veganen Speiseplan zu einer bunten, abwechslungsreichen und gesunden Angelegenheit ohne Verzicht und ohne Askese, dafür aber mit einer Extraportion Wohlbefinden.

## Vegane Stärken

Die Vorteile der veganen Ernährung sind rasch aufgezählt. Zahlreiche wissenschaftliche Studien zeigen, dass die vegane Ernährungsform arm an gesättigten Fettsäuren, dafür reich an Ballaststoffen sowie Vitaminen, Mineralien und krebsvorbeugenden Verbindungen ist. So kann mit veganer Kost Krebs, Diabetes und Darmerkrankungen vorgebeugt werden, der allgemeine Gesundheitszustand wird verbessert und ernährungsbedingte Krankheiten können verhindert werden. Eine pflanzliche Ernährung ist cholesterinfrei, fettarm und nahrhaft.

Eiweiß (Protein) ist ein wichtiger Nährstoff, der für den Aufbau, die Erhaltung und die Erneuerung von Körpergeweben benötigt wird. Deshalb werden Veganer häufig gefragt, wo um alles in der Welt sie denn bloß ihr Eiweiß herbekommen. Die Antwort: Der Eiweißbedarf lässt sich sehr leicht auch mit pflanzlichen Proteinen aus verschiedenen Getreide- und Gemüsesorten sowie Hülsenfrüchten decken. Als besonders eiweißhaltig gelten unter anderem Soja, Seitan, schwarze Bohnen, Linsen, Kichererbsen und Quinoa.

Und andere Nährstoffe, die in tierischen Produkten enthalten sind, z. B. Eisen oder Kalzium? Dazu lässt sich sagen, dass Veganer in der Regel sogar mehr Eisen aufnehmen als Fleischesser. Tierisches Eisen ist für den Körper zwar leichter verwertbar als pflanzliches, doch kann dieses kleine Defizit durch die Aufnahme von Vitamin C wieder ausgeglichen werden. Und auch Kalzium findet sich reichlich in pflanzlicher Kost, etwa in grünem Gemüse wie Brokkoli oder Grünkohl, in weißen Bohnen und generell in Obst und Gemüse. Ein weiterer Vorteil der veganen Ernährung ist, dass Sie sich viel energiegeladener und vitaler fühlen, was sich wiederum positiv auf Ihr Aussehen und Ihre Ausstrahlung auswirkt.

## Vegane Schönheitsfehler

Natürlich soll auch nicht verschwiegen werden, dass sich die Umstellung auf eine pflanzliche Ernährungsweise im sozialen Bereich mitunter als Herausforderung erweisen kann. Auswärts essen kann kompliziert werden, wobei gleichzeitig jedoch angemerkt sei, dass vegetarische und vegane Restaurants boomen wie noch nie. Einladungen von Freunden oder der Familie werden mit Fragen wie: »Was soll ich denn bloß für dich kochen?« ergänzt, als schnellen Snack für zwischendurch bekommt man immer noch gern ein Wurstbrötchen in die Hand gedrückt. Und dennoch werden vegan und vegetarisch immer mehr zum neuen Normal. Diverse Lokalführer und Internetplattformen haben das »Wo gibt's was feines Veganes?« mittlerweile sogar zu ihrem Haupt-recherchethema erklärt.

Immer wieder hört man – berechtigterweise – auch, dass Veganer rascher einen Vitamin-B12-Mangel erleiden, da dieses Vitamin ins-besondere in Leber und Milchprodukten vorkommt. Dem kann man jedoch vorbeugen: durch Nahrungsergänzungen, die mit Vitamin B12 angereichert wurden, z. B. durch die entsprechende Sojamilch oder den Reisdrink. Fazit ist und bleibt: Eine pflanzliche Ernährung ist ge-sund, vorausgesetzt, sie ist abwechslungsreich. Wie in vielen Bereichen gilt es auch hier, auf seinen Körper zu hören und Maß zu halten.

*Vegan muss nicht kompliziert sein: Die Rezepte in diesem Buch sind einfach, sie gehen schnell – und sie sind gesund!*

# Die zehn besten Ei-Alternativen

## 1 Avocado

Die Avocado eignet sich hervorragend als Ei-Ersatz auf dem Brot – als cremige Guacamole oder einfach nur in Scheiben geschnitten mit Salz und Tomaten.

## 2 Leinsamen

2 Esslöffel gemahlene Leinsamen ersetzen 1 Ei und eignen sich für herzhaftes Gebäck und als Brotaufstrich.

## 3 Banane

Wenn sie sehr reif ist, eignet sich die Banane ausgezeichnet als Ei-Alternative in süßem Gebäck, wobei sie ihr Aroma jedoch leicht an den Teig abgibt. 1 Ei wird durch ½ Banane ersetzt.

## 4 Ei-Ersatzprodukte

Diese sind im Handel erhältlich. Die Hauptzutat ist meist Lupinen- oder Maisstärke, die Produkte werden mit Wasser angerührt. Das Bindemittel ist geschmacksneutral und eignet sich sowohl für Kuchen als auch für Bratlinge.

## 5 Backpulver

Backpulver eignet sich immer dann als Ei-Ersatz, wenn es nicht vorrangig um die Bindekraft des Hühnerprodukts, sondern um die Triebkraft geht. Denn Eier lockern bekanntlich den Teig gut auf.

## 6 Apfelmus

Auch Apfelmus ist eine gute Ei-Alternative. Ideal ist die Anwendung in Mürbeteig und Muffins: Darin verliert das Apfelmus seinen Geschmack und hinterlässt nur eine feine Säure.

## 7 Stärkemehl

Stärkemehl aus Mais oder Kartoffeln eignet sich gleichermaßen für pikante wie süße Gerichte. Dafür einfach das Mais- oder Kartoffelstärkemehl mit Wasser vermischen und unter den Teig wie beispielsweise die Bratlingmasse rühren.

## 8 Sojamehl

Sojamehl hat den typischen Eigengeschmack von Soja und verhält sich als Zutat genauso wie Stärkemehl. Geringe Mengen beeinflussen das Geschmackserlebnis jedoch nicht.

## 9 Tofu

Aus Tofu, einem Quark aus weißem Sojabohnenteig, lässt sich ein wunderbares Rühr»ei« zubereiten. Rezepte finden sich in großer Zahl im Internet.

## 10 Ei weglassen

Sollte das Ei nicht gerade die Hauptzutat eines Gerichts sein, können Sie es getrost auch einfach weglassen!

## Veganes Fast Food

Vegan heißt nicht verzichten – vegan heißt neu entdecken. In der heutigen Zeit muss es hin und wieder rasch gehen. Fast Food eignet sich zum schnellen Hungerstillen, insbesondere wenn es selbst zubereitet und mit viel frischem Gemüse ergänzt wird. Zudem ist die Ersatzproduktpalette schon so umfassend, dass wirklich jedes Gericht auch vegan zubereitet werden kann. Und so steht einem würzigen Chili-sin-Carne-Wrap oder einer cremigen Mayonnaise nichts mehr im Wege. Beinahe jedes tierische Produkt kann ersetzt werden: Milch durch Pflanzendrinks aus Hafer, Dinkel, Soja oder Mandeln, Butter durch Margarine, und selbst für das Ei gibt es unzählige Ersatzmöglichkeiten.

## Zu diesem Buch

Fast Food hat den Ruf, zwar preiswert, dafür aber zu fett, zu salzig und generell zu ungesund zu sein. Deshalb hat es sich das vorliegende Kochbuch zum Ziel gesetzt, durch günstige Zutaten einerseits dem Ruf des Preiswerten gerecht zu werden, andererseits aber Rezepte zu bieten, die weder ungesund noch kohlenhydratlastig sind. Es wird nicht ausschließlich auf Fleischersatzprodukte zurückgegriffen, dafür hält die gesunde Gemüseküche einfach eine zu große Auswahl und zu viele kreative Alternativen bereit. Generell zeichnen sich die Rezepte durch die großzügige Verwendung von Gemüse und den eher eingeschränkten Einsatz von Fett aus. Die verwendeten Zutaten sind leicht erhältlich, zu ihrer Verarbeitung sind keine außergewöhnlichen Küchengeräte nötig. »Einfache Rezepte für jedermann« lautet das Motto. Alle Zubereitungszeiten verstehen sich inklusive Back- oder Garzeit.

# Burger & Hotdogs

Die Klassiker des Fast Foods kommen hier im neuen Gewand daher. Ob mexikanisch-feurig, herrlich gartenfrisch oder exotisch asiatisch – diese Burger und Hotdogs überraschen selbst eingefleischte Schnellgerichtkenner!

# Burgerbrötchen selbst gemacht

Zubereitungszeit: ca. 60 Minuten

## Für 8 Burger-liebhaber

- O 200 ml Pflanzendrink, z. B. Reis- oder Sojadrink
- O 25 g vegane Butter
- O 400 g Weizenmehl
- O 1 Prise Salz
- O 1½ TL Zucker
- O 1 Würfel frische Hefe
- O Sesam zum Bestreuen

1. Den Pflanzendrink mit der Butter erwärmen, bis diese geschmolzen ist. In einer Schüssel Mehl mit Salz und Zucker vermengen. Den Hefewürfel zur Mehl-mischung bröseln. Die Butter-Pflanzenmilch-Mischung dazugießen und alles zu einem geschmeidigen Teig verkneten. Die Schüssel mit einem Geschirrtuch bedecken und den Teig an einem warmen Ort gut 30 Minuten gehen lassen.

2. Den Backofen auf 225 °C vorheizen. Den Teig nach der Ruhezeit in 8 Stücke teilen und zu Brötchen for-men. Die Teiglinge auf ein mit Backpapier belegtes Blech geben und mit Sesam bestreuen. Die Burger-brötchen ca. 20 Minuten goldbraun im Ofen backen und vor dem Verzehr erkalten lassen.

Das Bild zu diesem Rezept finden Sie auf S. 14.

# Schnitzelsemmel

Zubereitungszeit: ca. 15 Minuten

1. Die Salatblätter waschen und trockentupfen. Tomate, Gurke und Paprikaschote waschen und putzen. Tomate und Gurke in Scheiben, Paprika in feine Streifen schneiden.

2. Das Öl in einer Pfanne erhitzen und die Schnitzel darin knusprig braten. Die Brötchen halbieren und auf den Innenseiten mit je 1 Teelöffel Mayonnaise bestreichen. Anschließend mit Salat, Gemüse, Schnitzel, wieder Gemüse und Salat belegen. Nach Belieben mit Ketchup abschließen und die oberen Brötchenhälften auflegen. Die Burger warm genießen.

## Für 4 Semmeln

O  8 Salatblätter
O  1 Tomate
O  1 kleine Salatgurke
O  1 gelbe Paprikaschote
O  Öl zum Braten
O  4 vegane Schnitzel
   (Fertigprodukt)
O  4 Brötchen
O  8 TL vegane
   Mayonnaise
   (Rezept siehe S. 57)

Das Bild zu diesem Rezept finden Sie auf S. 15.

# Gartenburger

Zubereitungszeit:
ca. 25 Minuten

## Für 4 Burger-liebhaber

- 600 g Zucchini
- 400 g Kartoffeln, mehligkochend
- 1 Bund Petersilie
- 3 EL Weizenmehl
- 2 Knoblauchzehen
- Salz
- Öl zum Braten
- ½ Bund Dill
- 250 g Sojajoghurt
- 1 TL Kräutersalz
- 1 Karotte
- ½ Salatgurke
- 2 Tomaten
- 1 gelbe Paprika-schote
- 4 Vollkornbrötchen

1. Zucchini waschen und putzen. Kartoffeln waschen und mit den Zucchini grob reiben. Petersilie waschen und trockenschütteln. Die Blättchen abzupfen und fein hacken. Mit dem Mehl zu den Kartoffeln und Zucchini geben und alles gut vermengen. Knoblauch abziehen, durch die Presse drücken und zur Gemüse-masse geben. Mit Salz würzen.

2. Großzügig Öl in eine Pfanne geben und erhitzen. Jeweils 2 Esslöffel Gemüsemasse zu Burgern formen und diese im Öl auf beiden Seiten goldbraun braten.

3. Dill waschen und trockenschütteln. Die Blättchen abzupfen und fein hacken. Mit Sojajoghurt und Kräu-tersalz verrühren. Das Gemüse waschen und putzen. Karotte grob reiben, Gurke und Tomaten in Scheiben schneiden, Paprikaschote in Streifen schneiden.

4. Die Vollkornbrötchen halbieren. Die Unterseite jeweils mit 1 Esslöffel Soja-Dill-Joghurt bestreichen, die Zucchini-Kartoffel-Burger darauflegen und mit der geschnittenen Rohkost dekorieren. Mit 1 weiterer Esslöffel Soja-Dill-Joghurt abschließen und mit der anderen Brötchenhälfte bedecken.

**Tipp** Die Dekorationsrohkost kann nach Lust und Laune variiert werden. Leckerer Rucola, cremige Avocadoscheiben oder knackiger Stangensellerie passen prima.

# Rote-Bete-Burger

Zubereitungszeit: ca. 50 Minuten

## Für 4 Burger-liebhaber

- O 10 mittelgroße Kartoffeln
- O 1 Rote Bete
- O 1 kleine Zwiebel
- O ½ Bund Petersilie
- O 2 Knoblauchzehen
- O 4 EL gemahlene Haselnüsse
- O 1 Messerspitze Muskatnuss, frisch gerieben
- O Salz, Pfeffer
- O Sesam zum Wälzen
- O Öl zum Braten
- O 8 Salatblätter
- O 1 Salatgurke
- O 2 Tomaten
- O 4 Burgerbrötchen (Rezept siehe S. 16)
- O 4 Scheiben veganer Käse
- O 4 EL Kräuterketchup (Rezept siehe S. 56)

1. Die Kartoffeln ca. 30 Minuten gar kochen, etwas abkühlen lassen und pellen. Die Rote Bete gründlich waschen und mitsamt der Schale fein reiben. Zwiebel abziehen und klein hacken, Petersilie waschen und trockenschütteln. Die Blättchen abzupfen und fein schneiden. Knoblauch abziehen und durch die Presse drücken. Die gegarten Kartoffeln fein stampfen und mit Roter Bete, Zwiebel, Petersilie, Knoblauch und den gemahlenen Haselnüssen vermengen. Mit Muskatnuss, Salz und Pfeffer würzen.

2. Aus der Masse 4 möglichst flache Bratlinge formen und diese in Sesam wälzen. Öl in einer Pfanne erhitzen und die Bratlinge darin braten.

3. Salatblätter waschen und trockentupfen. Gurke und Tomaten waschen, putzen und in Scheiben schneiden. Die Burgerbrötchen halbieren und mit Salat, Bratlingen, Gemüse, Käse und nochmals Salat belegen. Mit jeweils 1 Esslöffel Kräuterketchup bestreichen und mit der anderen Brötchenhälfte bedecken.

**Tipp** Die Bratlinge passen ohne Burgerbrötchen wunderbar zum Caesar's Salad (Rezept siehe S. 68).

# Crunchy Mexican Burger

Zubereitungszeit: ca. 25 Minuten

## Für 4 Burger-liebhaber

- O 250 g Kidneybohnen
- O 1 Knoblauchzehe
- O 2 rote Zwiebeln
- O 1 kleine Zwiebel
- O 1 EL Sojasauce
- O 100 g feine Haferflocken
- O ½ TL Salz, Pfeffer
- O 3 Messerspitzen Chilipulver
- O 1 EL Maiskörner
- O 2 EL Röstzwiebeln
- O Öl zum Braten
- O 6 EL scharfer Ketchup
- O 1 Tomate
- O 2 Gewürzgurken
- O 8 Salatblätter
- O 4 Burgerbrötchen (Rezept siehe S. 16)
- O 4 EL vegane Mayonnaise (Rezept siehe S. 57)

1. Kidneybohnen in ein Sieb geben und abtropfen lassen. Anschließend mit dem Stabmixer pürieren. Knoblauch abziehen und durch die Presse drücken. Alle Zwiebeln ebenfalls abziehen. 1 rote Zwiebel klein hacken, die andere rote Zwiebel in Ringe schneiden und beiseitestellen. Die restliche Zwiebel ebenfalls fein hacken und beiseitestellen. Knoblauch mit Sojasauce, Haferflocken, Salz, Pfeffer, Chilipulver, klein gehackter roter Zwiebel, Mais und Röstzwiebeln zum Kidneybohnenpüree geben und alles gut verkneten.

2. Aus der Masse mit feuchten Händen 4 Burger formen. Öl in einer Pfanne erhitzen und die Burger darin auf beiden Seiten knusprig braten.

3. Ketchup mit beiseitegestellter gehackter Zwiebel und etwas Chilipulver vermischen. Tomate waschen und in Scheiben schneiden. Gurken längs in Scheiben schneiden. Salatblätter waschen und trockentupfen.

4. Die Burgerbrötchen halbieren und mit Burgern, Salat, Tomaten- und Gurkenscheiben, Zwiebelringen, Zwiebelketchup und veganer Mayonnaise belegen bzw. bestreichen. Mit der anderen Brötchenhälfte bedecken und sofort servieren.

# Rauchburger mit Mangochutney

Zubereitungszeit: ca. 20 Minuten

## Für 4 Burgerliebhaber

- 300 g geräucherter Tofu
- 1 kleine Chilischote (optional)
- 100 ml Öl zum Braten
- 2 Karotten
- 1 rote Paprikaschote
- 1 kleine rote Zwiebel
- 4 Salatblätter
- 4 Burgerbrötchen (Rezept siehe S. 16)
- 8 EL Mangochutney (Fertigprodukt)
- 1 TL süßes Currypulver

1. Geräucherten Tofu in Scheiben schneiden. Die Chilischote waschen, längs aufschneiden, entkernen und klein hacken. Mit dem Öl vermischen. Wer es nicht so gern scharf hat, lässt die Chilischote einfach weg, wer es gern noch schärfer hat, hackt die Kerne mit klein. Eine Pfanne erhitzen und das Chiliöl zugeben. Die Tofuscheiben darin kross anbraten.

2. Karotten waschen, putzen und grob reiben. Paprikaschote waschen, putzen und in dünne Streifen schneiden. Zwiebel abziehen und in Ringe schneiden. Salatblätter waschen und trockentupfen.

3. Die Burgerbrötchen halbieren und mit je 1 Esslöffel Mangochutney bestreichen. Anschließend in dieser Reihenfolge belegen: Salat, Tofu, geriebene Karotten, Paprikastreifen, nochmals je 1 Esslöffel Mangochutney, Zwiebelringe. Zum Schluss etwas Currypulver darüberstreuen und mit der anderen Brötchenhälfte bedecken.

■ Das Bild zu diesem Rezept finden Sie auf der gegenüberliegenden Seite unten.

# Mexikanischer Salsaburger

Zubereitungszeit: ca. 20 Minuten

## Für 4 Burgerliebhaber

- ○ Öl zum Braten
- ○ 4 vegane Gemüseburger (Fertigprodukt)
- ○ 1 kleine Zwiebel
- ○ 2 Tomaten
- ○ 4 EL Kidneybohnen (aus der Dose)
- ○ 8 Salatblätter
- ○ 4 Burgerbrötchen (Rezept siehe S. 16)
- ○ 150 g Salsa (aus dem Glas)
- ○ 4 EL Maiskörner (aus der Dose)
- ○ 2 EL Jalapeños

1. Öl in einer Pfanne erhitzen und die Gemüseburger darin auf beiden Seiten kross braten.

2. Zwiebel abziehen, Tomaten waschen. Beides in Scheiben schneiden. Die Kidneybohnen in ein Sieb geben und abtropfen lassen. Salatblätter waschen und trockentupfen.

3. Die Burgerbrötchen halbieren und mit Salsa bestreichen. Je 1 Esslöffel Kidneybohnen und Mais daraufgeben und mit den Gemüseburgern sowie Tomaten, Salsa, Salat, Jalapeños und Zwiebelscheiben belegen. Die andere Brötchenhälfte daraufsetzen und nach Belieben noch mit Gemüse, Salsa und Jalapeños toppen.

**Tipp** Die Auswahl an veganen Gemüsebratlingen ist schon sehr groß. Durchkosten lohnt sich!

■ Das Bild zu diesem Rezept finden Sie auf S. 29 unten.

# Spicy Asia-Filetburger

Zubereitungszeit: ca. 25 Minuten

1. Senf, Currypulver, Currypaste und 1 Esslöffel Sojasauce vermischen und die Seitanfilets damit großzügig einreiben. Das Öl in einer Pfanne erhitzen und die marinierten Filets darin auf beiden Seiten kross braten.

2. Karotten und Zucchini waschen, putzen und grob reiben. Zwiebel abziehen, Chinakohlblätter waschen und trockentupfen. Beides in feine Streifen schneiden. Das Gemüse mit den Sesamsamen und der restlichen Sojasauce vermengen.

3. Die Burgerbrötchen halbieren und mit dem marinierten Gemüse, den Seitanfilets und wieder mit mariniertem Gemüse belegen. Mit je 1 Esslöffel Erdnusssauce abschließen und mit der anderen Brötchenhälfte bedecken.

**Tipp** Dazu passen Indische Chips als Beilage (Rezept siehe S. 60).

Das Bild zu diesem Rezept finden Sie auf S. 25 oben.

## Für 4 Burgerliebhaber

- 4 TL mittelscharfer Senf
- 2 TL süßes Currypulver
- 2 TL rote Currypaste (aus dem Asia-Laden)
- 2 EL Sojasauce
- 400 g Seitanfilets
- Öl zum Braten
- 2 Karotten
- 1 kleine Zucchini
- 1 kleine Zwiebel
- 2 Blätter Chinakohl
- 1 EL Sesamsamen
- 4 Burgerbrötchen (Rezept siehe S. 16)
- 4 EL Erdnusssauce (Rezept siehe S. 56)

# Süßkartoffelburger

Zubereitungszeit: ca. 45 Minuten

## Für 4 Burger-liebhaber

- 200 g Erbsen (TK)
- 300 g Süßkartoffeln
- 2 Knoblauchzehen
- 1 Dose Kichererbsen
- 1 TL gemahlener Kreuzkümmel
- 1 TL Salz
- Zitronensaft, frisch gepresst
- 6 EL Mehl
- Öl zum Braten
- 1 TL Sesamsamen
- 200 g Sojajoghurt
- 1 TL scharfes Curry-pulver
- Pfeffer
- 1 Tomate
- 1 gelbe Paprikaschote
- 1 Karotte
- 8 Salatblätter
- 4 Burgerbrötchen (Rezept siehe S. 16)

1. Die Erbsen auftauen lassen. Süßkartoffeln schälen und ca. 25 Minuten gar kochen. Knoblauch abziehen und durch die Presse drücken. Süßkartoffeln, Knoblauch, Kichererbsen, Kreuzkümmel, Salz, Zitronensaft, Mehl und Erbsen mit dem Stabmixer zu einer homogenen Bratlingmasse pürieren.

2. Öl in einer Pfanne erhitzen. Aus der Bratlingmasse mit feuchten Händen 4 Burger formen und diese im heißen Öl auf beiden Seiten braten.

3. Für den Curryrahm die Sesamsamen in einer kleinen Pfanne ohne Fett anrösten. Mit Sojajoghurt, Currypulver sowie 1 Prise Salz und Pfeffer verrühren.

4. Tomate, Paprikaschote und Karotte waschen und putzen. Salatblätter waschen, trockentupfen und in grobe Stücke zupfen. Tomate in Scheiben, Paprika in Streifen schneiden. Die Karotte fein reiben. Die Burgerbrötchen halbieren und mit Curryrahm, Salat, Bratlingen, Gemüse, wieder Salat und zum Abschluss noch einmal Curryrahm füllen.

🔴 Das Bild zu diesem Rezept finden Sie auf der gegenüberliegenden Seite oben.

# Teriyaki-Ananas-Burger

Zubereitungszeit: ca. 25 Minuten

## Für 4 Burger-liebhaber

- 1 Knoblauchzehe
- 4 EL Teriyakisauce (aus dem Asia-Laden)
- 2 Messerspitzen Chilipulver
- 4 Seitanfilets, insgesamt ca. 400 g
- Öl zum Braten
- 2 Tomaten
- 1 rote Zwiebel
- 4 Salatblätter
- 4 Burgerbrötchen (Rezept siehe S. 16)
- 4 EL vegane Mayonnaise (Rezept siehe S. 57)
- 4 Scheiben Ananas (nach Möglichkeit frisch, sonst aus der Dose)

1. Knoblauch abziehen und durch die Presse drücken. Mit der Teriyakisauce und dem Chilipulver verrühren und die Seitanfilets darin mindestens 10 Minuten ziehen lassen.

2. Öl in einer Pfanne erhitzen und die Seitanfilets darin auf beiden Seiten kross braten.

3. Tomaten waschen, Zwiebel abziehen. Tomaten in Scheiben, Zwiebel in Ringe schneiden. Salatblätter waschen und trockentupfen.

4. Die Burgerbrötchen halbieren und mit je 1 Esslöffel Mayonnaise bestreichen. Mit Tomatenscheiben, Salat, Seitanfilets, Ananasscheiben und Zwiebelringen belegen, mit der anderen Brötchenhälfte bedecken und sofort servieren.

**Tipp** Freunde der süß-sauren Küche können anstelle der Ananas auch eine Mango verwenden. Zu diesem Burger passen Indische Chips (Rezept siehe S. 60) mit einer Erdnusssauce (Rezept siehe S. 56).

# Tomaten-Auberginen-Burger mit Avocado

Zubereitungszeit: ca. 20 Minuten

## Für 4 Burgerliebhaber

O 1 große Aubergine
O Mehl zum Wenden
O Salz
O Öl zum Braten
O 3 Tomaten
O 2 Avocados
O 2 Knoblauchzehen
O 200 g Sojajoghurt
O Pfeffer
O 8 Salatblätter
O 4 Burgerbrötchen (Rezept siehe S. 16)
O 4 EL vegane Mayonnaise (Rezept siehe S. 57)

1. Die Aubergine waschen, putzen und in 8 Scheiben schneiden. Etwas Mehl mit 1 Prise Salz vermischen und die Auberginenscheiben in der Mischung wenden. Öl in einer Pfanne erhitzen und die Auberginenscheiben darin auf beiden Seiten braten.

2. Tomaten waschen und in Scheiben schneiden. Avocados schälen, entkernen und ebenfalls in Scheiben schneiden. Knoblauch abziehen und durch die Presse drücken. Sojajoghurt mit Salz und Pfeffer würzen, den Knoblauch unterrühren. Salatblätter waschen und trockentupfen.

3. Die Burgerbrötchen halbieren und mit je 1 Esslöffel Mayonnaise bestreichen. Je 2 Auberginenscheiben daraufsetzen. Mit Salat, Tomaten und Avocados belegen und mit dem Sojajoghurt abschließen. Mit der anderen Brötchenhälfte bedecken und genießen.

**Tipp** Frische Kräuter peppen jedes Gericht auf. 1/2 Bund Kräuter nach Wahl geben der Sojajoghurtsauce einen zusätzlichen Frischekick. Das Bild zu diesem Rezept finden Sie auf S. 4 oben.

# Kichererbsenburger mit Kräuterketchup

Zubereitungszeit: ca. 35 Minuten

1. Knoblauch abziehen und durch die Presse drücken. Mit den gemahlenen Haselnüssen in einer Pfanne ohne Fett goldbraun anrösten.

2. Kichererbsen in ein Sieb geben und abtropfen lassen. Mit der Nuss-Knoblauch-Mischung, dem Olivenöl, den Hefeflocken und dem Mehl in eine Schüssel geben und mit dem Pürierstab zu einer homogenen Masse verarbeiten. Die Burgermasse mit der Petersilie vermengen, mit Kräutersalz und Pfeffer abschmecken und zu 4 Bratlingen formen. Butter oder Öl in eine Pfanne geben und die Bratlinge darin auf beiden Seiten goldbraun braten.

3. Tomate waschen und in Scheiben schneiden. Salatblätter waschen und trockentupfen. Die Burgerbrötchen aufschneiden und mit den Bratlingen, den Tomatenscheiben, den Salatblättern und je 1 Esslöffel Kräuterketchup füllen.

**Tipp** Dazu passen leckere Pommes (Rezepte siehe S. 60, 61, 62 und 66) und ein grüner Salat. Das Bild zu diesem Rezept finden Sie auf S. 4 unten.

## Für 4 Burgerliebhaber

- O 3 Knoblauchzehen
- O 50 g gemahlene Haselnüsse
- O 250 g Kichererbsen (aus der Dose)
- O 3 EL Olivenöl
- O 2 TL Hefeflocken
- O 2 TL Mehl
- O 3 EL gehackte Petersilie
- O 1 TL Kräutersalz
- O schwarzer Pfeffer aus der Mühle
- O vegane Butter oder Öl zum Braten
- O 1 Tomate
- O 8 Salatblätter
- O 4 Burgerbrötchen (Rezept siehe S. 16)
- O 4 EL Kräuterketchup (Rezept siehe S. 56)

# Tsatsiki-Hotdog

Zubereitungszeit: ca. 15 Minuten

## Für 4 Hotdogs

- ○ ½ Salatgurke
- ○ Salz
- ○ 1 rote Paprikaschote
- ○ 2 Knoblauchzehen
- ○ 5 Minzeblätter
  + etwas Minze zum Dekorieren
- ○ 200 g Sojajoghurt
- ○ 1 EL Olivenöl
- ○ 1 kleiner Schuss Essig
- ○ Öl zum Braten
- ○ 4 große vegane Bratwürste
- ○ 4 Hotdog-Brötchen

1. Gurke waschen und putzen. Mithilfe einer Gemüsereibe fein reiben und salzen. 10 Minuten ziehen lassen, anschließend das entstandene Gemüsewasser abgießen. Paprikaschote waschen, putzen und in kleine Würfel schneiden.

2. Knoblauch abziehen und durch die Presse drücken. Minzeblätter waschen, klein hacken und mit dem Sojajoghurt, dem Knoblauch sowie den Gurkenraspeln vermischen. Das Tsatsiki mit Olivenöl, Essig und Salz würzen.

3. Öl in einer Pfanne erhitzen und die Bratwürste darin braten. Die Hotdog-Brötchen der Länge nach einschneiden. Die Bratwürste in die Brötchen einlegen und großzügig Tsatsiki dazugeben. Die Hotdogs mit den Paprikawürfeln und etwas Minze dekorieren.

# Curry-Hotdog

Zubereitungszeit: ca. 15 Minuten

## Für 4 Hotdogs

- 1 große Zwiebel
- Öl zum Braten
- 6 EL Ketchup
- 1 TL Currypulver
- 1 Messerspitze Chilipulver
- 4 große vegane Bratwürste
- 16 Salatgurkenscheiben
- 4 Hotdog-Brötchen

1. Zwiebel abziehen und fein würfeln. Öl in einer Pfanne erhitzen und die Zwiebelwürfel darin goldgelb anbraten. In eine Schüssel geben und mit Ketchup sowie Curry- und Chilipulver vermischen. 10 Minuten ziehen lassen.

2. In der Zwischenzeit erneut Öl in einer Pfanne erhitzen und die Bratwürste darin kross braten. Kurz vor Bratende die Gurkenscheiben mitschmoren lassen.

3. Die Hotdog-Brötchen der Länge nach einschneiden und mit dem Curry-Zwiebel-Ketchup, den Bratwürsten sowie den geschmorten Gurkenscheiben füllen. Mit etwas Currypulver bestreuen und sofort servieren.

**Tipp** Zwiebelliebhaber können zusätzlich noch Röstzwiebeln in den Hotdog füllen. Dazu fein geschnittene Zwiebelringe in reichlich Öl knusprig braten.

# Wraps, Pitas & Dips

Sie gehen schnell und verführen mit immer neuen, frischen Zutaten. Wraps und Pitas, mit cremigen Dips kombiniert, sind nicht nur ideal für unterwegs, sondern bleiben garantiert auch auf keinem Partyteller liegen.

# Asiatischer Kohl-Wrap

Zubereitungszeit: ca. 30 Minuten

## Für 4 Wraps

- O 800 g Chinakohl
- O 1 rote Zwiebel
- O 200 g Champignons
- O je 1 grüne und rote Paprikaschote
- O 100 g Sojasprossen
- O Öl zum Dünsten
- O 10 g frische Ingwerwurzel
- O 3 Knoblauchzehen
- O 2 EL Sojasauce
- O 2 Messerspitzen Chilipulver
- O Salz
- O 4 Tortillas
- O ½ Bund Koriander oder Petersilie
- O 200 g Sojajoghurt
- O Pfeffer

1. Chinakohl waschen, putzen und in feine Streifen schneiden. Zwiebel abziehen und fein würfeln. Champignons mit Küchenkrepp säubern, halbieren und in dünne Scheiben schneiden. Paprikaschoten waschen, putzen und klein würfeln. Sojasprossen in ein Sieb geben, gründlich waschen und abtropfen lassen.

2. Öl in einer Pfanne erhitzen und die Zwiebelwürfel darin goldbraun anbraten. Paprikawürfel, Pilze, Chinakohl und Sojasprossen dazugeben und alles für gut 10 Minuten weich dünsten. In der Zwischenzeit Ingwer schälen und fein reiben. Knoblauch abziehen und durch die Presse drücken. Ingwer, Knoblauch und Sojasauce zum Gemüse in der Pfanne geben und alles gut vermengen. Die Gemüsefülle mit Chilipulver und Salz abschmecken.

3. Die Tortillas nach Packungsanweisung erwärmen. Koriander oder Petersilie waschen und trockenschütteln. Die Blättchen abzupfen und fein hacken. Den Sojajoghurt mit Salz und Pfeffer abschmecken, Koriander oder Petersilie unterrühren. Die erwärmten Tortillas mit der asiatischen Gemüsefülle belegen, den Joghurt dazugeben und die Wraps einrollen.

Tipp Für einen erfrischenden Touch je 1 in Scheiben geschnittene Tomate pro Wrap mit einrollen.

# Chili-Wrap

Zubereitungszeit: ca. 30 Minuten

## Für 4 Wraps

- 100 g feines Sojageschnetzeltes
- 1 kleine Zwiebel
- Öl zum Braten
- 200 g passierte Tomaten (aus dem Glas oder der Dose)
- 5 Knoblauchzehen
- 1 Dose Kidneybohnen
- 4 EL Maiskörner (aus der Dose)
- 2 TL Salz
- 1 TL Kreuzkümmelsamen
- 3 Messerspitzen Chilipulver oder 1 klein gehackte frische Chilischote
- 4 Tortillas
- 200 g Sojajoghurt
- 2 Tomaten
- ½ Salatgurke
- 8 Salatblätter
- 1 rote Zwiebel

1. Das Sojageschnetzelte mit 200 Milliliter heißem Wasser übergießen und 15 Minuten ziehen lassen.

2. Zwiebel abziehen und klein hacken. Öl in einer Pfanne erhitzen und die Zwiebel darin goldbraun anbraten. Das eingeweichte Sojahack dazugeben und 5 Minuten mitbraten. Passierte Tomaten ebenfalls dazugeben und mitköcheln lassen.

3. Knoblauch abziehen. 3 Zehen durch die Presse drücken. Kidneybohnen in ein Sieb geben und abtropfen lassen. Mit Knoblauch, Mais, Salz, Kreuzkümmel und Chili unter die Sojahack-Tomaten-Mischung rühren und alles 5 Minuten weiterköcheln lassen. Das Chili sin Carne nochmals mit Salz abschmecken.

4. Die Tortillas nach Packungsanweisung erwärmen. Restlichen Knoblauch durch die Presse drücken und mit dem Sojajoghurt verrühren. Mit Salz abschmecken. Tomaten und Gurke waschen, putzen und in Scheiben schneiden. Salatblätter waschen, trockentupfen und in kleine Stücke zupfen. Rote Zwiebel abziehen und in Ringe schneiden. Die Wraps mit Chili sin Carne, Tomaten, Gurke, Salat, Zwiebelringen und Sojajoghurt füllen, fest zusammenrollen und sofort genießen.

# Fitness-Wrap

Zubereitungszeit: ca. 20 Minuten

1. Knoblauch abziehen und durch die Presse drücken. Mit Tahin, Essig, Öl, Zucker, Sojasauce und 4 Esslöffel Wasser verrühren und nochmals mit Sojasauce abschmecken.

2. Avocados schälen, entkernen und in Scheiben schneiden. Karotten, Gurke und Paprikaschote waschen, putzen und in sehr feine längliche Streifen schneiden. Tomaten waschen und in Scheiben schneiden. Den Salat waschen, trockentupfen und in mundgerechte Stücke zupfen.

3. Die Tortillas nach Packungsanweisung erwärmen und mit Avocadoscheiben, Karotten, Gurke, Paprika, Tomaten und Salat füllen. Reichlich Sesamsauce dazugeben und die Wraps fest einrollen.

**Tipp** Anstelle der Salatblätter können Sie die Wraps auch mit Rucola, Babyspinat oder Feldsalat füllen. Auch das Gemüse ist beliebig variierbar.

■ Das Bild zum Chili-Wrap finden Sie auf S. 75 rechts, das Bild zum Fitness-Wrap auf S. 75 links.

## Für 4 Wraps

- O  2 Knoblauchzehen
- O  4 EL Tahin (Sesampaste)
- O  2 EL Essig
- O  2 EL Öl
- O  1 TL Zucker
- O  2 EL Sojasauce
- O  4 Avocados
- O  2 Karotten
- O  1 Salatgurke
- O  1 gelbe Paprikaschote
- O  2 Tomaten
- O  8 Salatblätter
- O  4 Tortillas

# Sesam-Falafel-Wrap

Zubereitungszeit: ca. 50 Minuten

## Für 4 Wraps

- 250 g Kichererbsen
- 1 kleine Zwiebel
- 5 Knoblauchzehen
- Saft von 1 kleinen Zitrone
- 1 EL Sesamsamen
- 1 EL gehackter Koriander (optional)
- 1 TL gemahlener Kreuzkümmel
- 1 TL Paprikapulver
- 1 TL Salz
- 4 EL Mehl
- 1 TL Backpulver
- Sonnenblumenöl zum Bepinseln
- ½ Bund Petersilie
- 200 g Sojajoghurt
- Pfeffer
- 2 Tomaten
- 1 rote Zwiebel
- 200 g Rotkohl
- 8 Salatblätter
- 4 Tortillas

1. Kichererbsen in ein Sieb geben und abtropfen lassen. In eine Schüssel füllen und mit dem Stabmixer pürieren. Zwiebel und Knoblauch abziehen; Zwiebel fein hacken, 3 Knoblauchzehen durch die Presse drücken. Mit Zitronensaft, Sesam, Koriander, Kreuzkümmel, Paprikapulver, Salz, Mehl und Backpulver zum Kichererbsenpüree geben und alles gut verkneten.

2. Den Backofen auf 200 °C vorheizen. Aus der Kichererbsenmasse mit feuchten Händen 12 bis 16 Falafel (Bällchen) formen und diese auf ein mit Backpapier belegtes Blech legen. Mit Sonnenblumenöl bepinseln und 30 Minuten im Ofen backen.

3. Restlichen Knoblauch durch die Presse drücken. Petersilie waschen und trockenschütteln. Die Blättchen abzupfen und fein hacken. Knoblauch und Petersilie mit Sojajoghurt vermischen. Salzen und pfeffern. Tomaten waschen und in Scheiben schneiden. Die rote Zwiebel abziehen und in Ringe schneiden. Rotkohl waschen und in feine Streifen schneiden. Salat waschen, trockentupfen und in Stücke zupfen.

4. Die Tortillas nach Packungsanweisung erwärmen und jeweils mit 3 bis 4 Falafel, Gemüse, Salat und Sojajoghurt belegen. Fest einrollen und genießen.

Tipp Dazu passen knusprige Rosmarinwedges (Rezept siehe S. 64).

# Weißwein-Gemüse-Wrap

Zubereitungszeit: ca. 20 Minuten

## Für 4 Wraps

- 250 g Champignons
- je 1 grüne, rote und gelbe Paprikaschote
- 1 große Zwiebel
- Öl zum Braten
- 70 ml Weißwein
- Saft von 1 Zitrone
- 1 Brühwürfel
- 2 Knoblauchzehen
- 1 TL getrockneter Oregano
- 1 Messerspitze Cayennepfeffer
- Salz
- 4 Tortillas
- 100 g Feldsalat

1. Champignons mit Küchenkrepp säubern und in Streifen schneiden. Paprikaschoten waschen, putzen und ebenfalls in Streifen schneiden. Zwiebel abziehen und fein hacken.

2. Öl in einer beschichteten Pfanne erhitzen und Zwiebel darin andünsten. Paprikastreifen und Pilze dazugeben und mitdünsten. Kurz vor Ende der Garzeit mit Weißwein und Zitronensaft ablöschen, den Brühwürfel hinzufügen und unter Rühren auflösen. Knoblauch abziehen, durch die Presse drücken und unter die Gemüsemischung rühren. Mit Oregano und Cayennepfeffer würzen und mit Salz abschmecken.

3. Tortillas nach Packungsanweisung erwärmen. Feldsalat waschen und trockentupfen. Die Tortillas mit der Gemüsemischung füllen und mit Feldsalat dekoriert servieren.

**Tipp** Der Weißwein kann durch Wasser ersetzt werden.

Das Bild zu diesem Rezept finden Sie auf S. 39.

# Erfrischende Artischocken-Pita

Zubereitungszeit: ca. 20 Minuten

1. Artischockenherzen in ein Sieb geben und abtropfen lassen. Anschließend in grobe Würfel schneiden. Zwiebel abziehen und in feine Streifen schneiden. Tomaten waschen und würfeln. Petersilie waschen und trockenschütteln. Die Blättchen abzupfen und grob hacken.

2. Öl in eine Pfanne geben und die Zwiebelstreifen kurz darin erhitzen. Artischocken, Tomaten und Petersilie dazugeben und ganz kurz erwärmen. Pfanne vom Herd nehmen und das Artischockengemüse mit Zitronensaft, Essig, Sesam, Salz und Pfeffer würzen.

3. Die Pita-Brote nach Packungsanweisung erwärmen. Großzügig mit Hummus bestreichen und mit dem Artischockengemüse füllen.

## Für 4 Portionen

- O  1 Dose Artischockenherzen (Abtropfgewicht ca. 250 g)
- O  1 Zwiebel
- O  4 Tomaten
- O  1 Bund Petersilie
- O  1 EL Öl
- O  Saft von ½ Zitrone
- O  1 Schuss Essig
- O  1 EL Sesamsamen
- O  Salz
- O  Pfeffer
- O  4 Pita-Brote
- O  250 g Hummus (Rezept siehe S. 56)

Das Bild zu diesem Rezept finden Sie auf S. 38.

# Green Power Pita

Zubereitungszeit: ca. 15 Minuten

## Für 4 Portionen

- 3 Avocados
- 3 Knoblauchzehen
- Saft von ½ Zitrone
- Salz
- schwarzer Pfeffer aus der Mühle
- je 50 g Rucola, Feldsalat und Babyspinat
- 1 grüne Paprikaschote
- je ½ Bund Petersilie und Dill
- 200 g Sojajoghurt
- 4 Pita-Brote
- 2 Tomaten
- 1 kleine rote Zwiebel

1. Avocados schälen und entkernen. Das Fruchtfleisch in eine Schüssel geben und mit einer Gabel cremig zerdrücken. Knoblauch abziehen, durch die Presse drücken und unter die Avocadocreme rühren. Mit Zitronensaft sowie Salz und Pfeffer würzen.

2. Rucola, Feldsalat und Babyspinat verlesen, waschen, trockenschütteln und grob schneiden. Paprikaschote waschen, putzen und würfeln. Petersilie und Dill waschen und trockenschütteln. Die Blättchen abzupfen und fein hacken. Die Kräuter unter den Sojajoghurt rühren und diesen mit Salz würzen.

3. Die Pita-Brote nach Packungsanweisung erwärmen. Tomaten waschen und in Scheiben schneiden. Zwiebel abziehen und in feine Ringe schneiden. Die Pita-Brote zunächst mit der Avocadocreme, dann mit Salat und Paprikawürfeln und schließlich mit Sojajoghurt füllen. Mit Tomatenscheiben und Zwiebelringen dekoriert servieren.

# Mediterran gefüllte Pita

Zubereitungszeit: ca. 25 Minuten

## Für 4 Portionen

- 1 Aubergine
- 1 Zucchini
- Salz
- 2 Tomaten
- 5 Knoblauchzehen
- 1 TL getrockneter Rosmarin
- Pfeffer
- Öl zum Braten
- 200 g Sojajoghurt
- Kräutersalz
- 4 Karotten
- 8 Salatblätter
- 100 g frischer Blattspinat oder 50 g Rucola
- 4 Pita-Brote
- 4 TL grünes Pesto (aus dem Glas)

1. Aubergine und Zucchini waschen, putzen, in Scheiben schneiden und salzen. 10 Minuten ziehen lassen. Tomaten waschen und ebenfalls in Scheiben schneiden. Knoblauch abziehen, 3 Zehen durch die Presse drücken. Die Gemüsescheiben mit dem gepressten Knoblauch sowie Rosmarin und Pfeffer vermischen. Öl in einer Pfanne erhitzen und das Gemüse darin bissfest braten.

2. Die restlichen Knoblauchzehen durch die Presse drücken und mit Sojajoghurt sowie Kräutersalz verrühren. Karotten waschen, putzen und grob reiben. Salatblätter sowie Blattspinat oder Rucola waschen, trockentupfen und in kleine Stücke zupfen.

3. Die Pita-Brote nach Packungsanweisung erwärmen und mit je 1 Teelöffel grünem Pesto bestreichen. Mit der Gemüsemischung, Salat, Blattspinat oder Rucola, Karotten und Knoblauchjoghurt füllen und warm servieren.

Tipp Zum Aufpeppen können Sie noch einen gebratenen veganen Gemüsebratling mit in die Taschen geben.

# Porree-Pilz-Pita

Zubereitungszeit: ca. 25 Minuten

## Für 4 Portionen

- O 400 g Champignons
- O 1 Stange Porree
- O Öl zum Braten
- O 1 Brühwürfel
- O 2 Knoblauchzehen
- O 1 EL Chiliflocken
- O 4 EL Sojajoghurt
- O 1 Handvoll gehackte Kräuter
- O Salz
- O 4 Pita-Brote
- O 100 g geriebener veganer Käse

1. Champignons mit Küchenkrepp säubern, halbieren und in dünne Scheiben schneiden. Porree waschen, putzen und grob würfeln. Öl in einer Pfanne erhitzen und Pilze sowie Porree darin andünsten. Den Brühwürfel dazugeben und unter Rühren auflösen. Knoblauch abziehen, durch die Presse drücken und unter das Gemüse rühren. Chiliflocken ebenfalls unterrühren und die Gemüsemischung abschmecken.

2. Sojajoghurt mit gehackten Kräutern und Salz mischen. Die Pita-Brote nach Packungsanweisung erwärmen und mit dem Gemüse und dem Kräuterjoghurt füllen. Käse darüberstreuen und nach Belieben mit einem großen grünen Salat servieren.

**Tipp** Nach Belieben kann noch weiteres Gemüse mitgeschmort werden, beispielsweise Zucchini, Kohlrabi oder Tomaten.

# Falafel-Sandwich

Zubereitungszeit: ca. 25 Minuten

## Für 4 Sandwiches

- O 2 Tomaten
- O 100 g Rotkohl
- O 1 Zwiebel
- O ½ Salatgurke
- O 1 Fladenbrot oder
  . 4 Pita-Brote
- O 250 g Hummus
  (Rezept siehe S. 56)
- O 12 Falafel
  (Rezept siehe S. 44)
- O 2 EL Chiliflocken
  (optional)

1. Tomaten waschen und in Scheiben schneiden. Rotkohl waschen, putzen und in feine Streifen hobeln oder schneiden. Zwiebel abziehen und in Ringe schneiden. Gurke waschen, putzen und in Scheiben schneiden.

2. Das Fladenbrot oder die Pita-Brote nach Packungsanweisung erwärmen. Wenn ein Fladenbrot verwendet wird, 5 Minuten bei 200 °C im Backofen erhitzen und vierteln. Die Brote einschneiden und mit Hummus bestreichen. Je 3 Falafel und Gemüse einfüllen. Die fertig gefüllten Brote mit Chiliflocken bestreuen.

**Tipp** Für einen noch cremigeren Genuss können Avocadoscheiben mit eingefüllt werden.

## Für je 4 Portionen

**Für das Hummus**
- O 1 Dose Kichererbsen
- O 2 Knoblauchzehen
- O ½ EL gemahlener Kreuzkümmel
- O Saft von ½ Zitrone
- O ½ TL Paprikapulver
- O ¼ TL Chilipulver
- O 1 TL gehackter Koriander (optional)
- O Salz

**Für die Erdnusssauce**
- O 6 EL Erdnussmus
- O 2 EL Sojasauce
- O 4 EL gehackte Erdnüsse
- O 1 TL gehackter Koriander (optional)

**Für den Kräuterketchup**
- O 1 kleine Zwiebel
- O 1 Knoblauchzehe
- O 6 EL milder Ketchup
- O je 1 TL getrockneter Majoran und Oregano
- O ½ TL getrockneter Thymian

# Hummus

Zubereitungszeit: ca. 5 Minuten

Kichererbsen in ein Sieb geben und abtropfen lassen. In eine Schüssel geben und mit dem Stabmixer fein pürieren. Knoblauch abziehen und durch die Presse drücken. Mit den restlichen Zutaten unter das Kichererbsenpüree mischen und den Dip abschmecken.

**Tipp** Für eine cremigere Konsistenz rühren Sie noch 2 bis 3 Esslöffel Sojajoghurt unter. Das Bild zu diesem Rezept finden Sie auf S. 38.

# Erdnusssauce

Alle Zutaten gut vermengen und nach Belieben noch mit etwas Salz nachwürzen.

**Tipp** Die Sauce ergänzt jeden asiatisch angehauchten Burger oder Wrap.

# Kräuterketchup

Zwiebel und Knoblauch abziehen. Zwiebel klein hacken, Knoblauch durch die Presse drücken. Beides mit den restlichen Zutaten vermengen und 20 Minuten ziehen lassen.

# Vegane Mayonnaise

Sojamilch und Essig in eines hohes Gefäß geben und mit dem Stabmixer kurz aufmixen. Das Öl unter ständigem Mixen langsam einlaufen lassen, bis alles eine cremige Konsistenz bekommt. Senf einrühren und mit Salz und Pfeffer würzen.

Zubereitungszeit:
ca. 5 Minuten

## Für 4 Portionen

O 200 ml Sojamilch
O 1 Schuss Weißweinessig
O 250 ml Rapsöl
O 1 TL mittelscharfer Senf
O Salz, Pfeffer

# Pommes, Wedges & Salate

Sie sind wahrscheinlich der beliebteste Snack überhaupt. Pommes und Wedges werden von Groß und Klein gern genascht. Selbst zubereitet und mit einem frischen Salat kombiniert bieten sie Genuss ohne schlechtes Gewissen.

# Gewürzpommes

Zubereitungszeit: ca. 40 Minuten

## Für 4 Pommes-liebhaber

- O 1 kg Kartoffeln
- O 2 Knoblauchzehen
- O 4 EL Brathuhngewürz oder Bratengewürz
- O 3 EL Olivenöl

1. Den Backofen auf 200 °C vorheizen. Kartoffeln gründlich waschen, halbieren und zu pommesähnlichen Stücken schneiden. Knoblauch abziehen und durch die Presse drücken. Mit dem Brathuhn- oder Bratengewürz sowie dem Olivenöl zu den Kartoffeln geben und alles gut vermengen.

2. Die Gewürzpommes mit der Hautseite nach unten auf einem mit Backpapier belegten Blech verteilen und gut 30 Minuten im Ofen knusprig backen.

# Indische Chips

Zubereitungszeit: ca. 30 Minuten

## Für 4 Chips-liebhaber

- O 800 g Kartoffeln
- O 3 TL Knoblauch-granulat
- O 1½ TL Salz
- O 3 TL Currypulver
- O 1 Prise Zimtpulver
- O 4 TL Öl

1. Kartoffeln gründlich waschen und in hauchdünne Scheiben schneiden oder hobeln. Die Gewürze mit dem Öl zu einer Marinade vermischen und diese über die Kartoffelscheiben gießen. Alles gut vermengen und kurz ziehen lassen. Dabei den Backofen auf 225 °C vorheizen.

2. Die indischen Chips auf einem mit Backpapier belegten Blech verteilen und gut 20 Minuten im Ofen kross backen.

# Smoked Pommes

Zubereitungszeit: ca. 40 Minuten

1. Kartoffeln schälen und in längliche Stücke schneiden. Die restlichen Zutaten in einer Schüssel vermischen und mit den Kartoffelstücken vermengen. Die Smoked Pommes 15 Minuten ziehen lassen. In dieser Zeit den Backofen auf 200 °C vorheizen.

2. Die Smoked Pommes auf einem mit Backpapier belegten Blech verteilen und gut 30 Minuten im Ofen knusprig backen.

**Tipp** Für die kalorienärmere Variante der Smoked Pommes können Sie anstelle der Kartoffeln auch Sellerie oder Kürbis verwenden.

**Tipp** Zu den Indischen Chips (siehe S. 60 unten) passt ein cremiger Currydip: Dafür 200 Gramm Sojajoghurt mit 1/2 Teelöffel Currypulver und etwas Salz verrühren. Eventuell 1 abgezogene Knoblauchzehe dazupressen.

## Für 4 Pommes-liebhaber

O 1 kg Kartoffeln

O 1 TL Salz

O 1½ TL Rauchsalz

O 1 TL edelsüßes Paprikapulver

O ½ TL Cayennepfeffer

O ½ TL schwarzer Pfeffer aus der Mühle

O ½ TL Zwiebelgranulat

O ½ TL Knoblauch-granulat

O 3 EL Öl

Das Bild zu den Rezepten auf dieser Doppelseite finden Sie auf S. 58.

# Pommes nach italienischer Art

Zubereitungszeit: ca. 40 Minuten

## Für 4 Pommes-liebhaber

- O 1 kg Kartoffeln
- O 1 TL getrockneter Oregano
- O 1 TL getrocknetes Basilikum
- O 2 TL Salz
- O 1 TL Pfeffer
- O 1 TL Knoblauch-granulat
- O ½ TL getrockneter Thymian
- O 3 EL Öl
- O 400 g Sojajoghurt
- O 1 Bund Basilikum
- O 2 Knoblauchzehen

1. Kartoffeln gründlich waschen, halbieren und in längliche Stücke schneiden. Oregano, getrocknetes Basilikum, Salz, Pfeffer, Knoblauchgranulat, Thymian und Öl zu den Kartoffeln geben, alles gut vermengen und etwa 10 Minuten ziehen lassen. Dabei den Backofen auf 200 °C vorheizen. Die Pommes auf einem mit Backpapier belegten Blech verteilen und 30 Minuten im Ofen backen.

2. In der Zwischenzeit Sojajoghurt in eine Schüssel geben. Frisches Basilikum waschen und trockenschütteln. Die Blätter abzupfen und klein hacken. Knoblauch abziehen und durch die Presse drücken. Basilikum und Knoblauch mit dem Sojajoghurt verrühren und diesen salzen. Den Basilikum-Knoblauch-Dip zu den Pommes reichen.

# Western Wedges

Zubereitungszeit: ca. 40 Minuten

## Für 4 Wedges-liebhaber

- ○ 1 kg Kartoffeln
- ○ 5 EL Olivenöl
- ○ 2–3 TL Salz
- ○ 1 TL Pfeffer
- ○ 2 EL edelsüßes Paprikapulver
- ○ 1 TL Chilisauce
- ○ 50 g Polenta

1. Kartoffeln gründlich waschen, halbieren und in längliche Wedges schneiden. Öl, Salz, Pfeffer, Paprikapulver, Chilisauce und Polenta dazugeben und alles gut vermengen. Gut 20 Minuten ziehen lassen, in dieser Zeit den Backofen auf 200 °C vorheizen.

2. Die Western Wedges mit der Hautseite nach unten auf einem mit Backpapier belegten Blech verteilen und gut 30 Minuten im Ofen backen.

# Rosmarinwedges

Zubereitungszeit: ca. 40 Minuten

## Für 4 Wedges-liebhaber

- ○ 1 kg Kartoffeln
- ○ 3 TL getrockneter Rosmarin
- ○ 1½ TL Kräutersalz
- ○ 3 EL Olivenöl

1. Kartoffeln gründlich waschen, halbieren und in längliche Wedges schneiden. Rosmarin, Kräutersalz und Olivenöl dazugeben, alles gut vermengen und anschließend ziehen lassen.

2. Den Backofen auf 200 °C vorheizen. Die Rosmarinwedges mit der Hautseite nach unten auf einem mit Backpapier belegten Blech verteilen und gut 30 Minuten im Ofen backen.

Tipp Zu den Rosmarinwedges passt der Kräuterketchup (Rezept siehe S. 56).

# Süßkartoffelpommes

## Für 4 Pommes-liebhaber

- 1 kg Süßkartoffeln
- 2 TL Salz
- 2 TL scharfes Paprikapulver
- schwarzer Pfeffer aus der Mühle
- 6 EL Olivenöl
- 1 TL Knoblauch-granulat

1. Süßkartoffeln gründlich waschen und zu länglichen Pommes schneiden. Die restlichen Zutaten dazugeben und alles gut vermengen. Die Pommes gut 10 Minuten ziehen lassen. In dieser Zeit den Backofen auf 200 °C vorheizen.

2. Die Süßkartoffelpommes auf einem mit Backpapier belegten Blech verteilen und mindestens 30 Minuten im Ofen kross backen.

**Tipp** Mit einem leckeren Kräuterketchup (Rezept siehe S. 56) und einem großen gemischten Salat ergeben die Süßkartoffelpommes eine vollwertige Mahlzeit.

# Caesar's Salad mit Chicken-Streifen

Zubereitungszeit: ca. 30 Minuten

## Für 4 Portionen

- 1 Knoblauchzehe
- 2 EL Tahin (Sesampaste)
- 5 EL Sojajoghurt
- Saft von 1 kleinen Zitrone
- 1 EL Apfelessig
- 4 EL Olivenöl
- Salz
- Pfeffer
- 400 g Seitanfilets oder Räuchertofu
- 2 EL Brathuhngewürz
- 4 Scheiben Weißbrot
- 1 Eisbergsalat
- 16 Cocktailtomaten
- Öl zum Braten
- frische Kräuter zum Dekorieren

1. Knoblauch abziehen und durch die Presse drücken. Mit Tahin, 6 Esslöffel Wasser, Sojajoghurt, Zitronensaft, Essig und 3 Esslöffel Olivenöl in eine Schüssel geben und mit dem Schneebesen verquirlen. Das Dressing mit Salz und Pfeffer großzügig würzen.

2. Seitanfilets oder Tofu in Streifen schneiden und mit dem restlichen Olivenöl sowie dem Brathuhngewürz marinieren. Die Filets gut 10 Minuten ziehen lassen. Weißbrot würfeln. Eisbergsalat waschen, trockenschütteln und in mundgerechte Stücke zupfen oder schneiden. Cocktailtomaten waschen und halbieren.

3. Öl in einer Pfanne erhitzen und die marinierten Seitanfilets oder den Tofu darin kross anbraten. Wenig Öl in einer weiteren Pfanne erhitzen und die Weißbrotwürfel darin goldbraun rösten. Das Dressing unter den Eisbergsalat rühren und diesen auf 4 Teller verteilen. Seitanfilets oder Tofu und Brotwürfel auf dem Salat anrichten und mit den Cocktailtomaten und frischen Kräutern garnieren.

Das Bild zu diesem Rezept finden Sie auf S. 58.

# Tacosalat

Zubereitungszeit: ca. 25 Minuten

1. Sojageschnetzeltes mit heißer Brühe bedecken und 15 Minuten quellen lassen. Öl in einer Pfanne erhitzen und das gequollene Sojahack darin kurz anbraten. Die Hälfte der Salsasauce und die Chili-con-Carne-Gewürzmischung unterrühren. Sojamasse erkalten lassen.

2. Gurke und Tomaten waschen, putzen und fein würfeln. Eisbergsalat waschen, trockenschütteln und klein schneiden. Mais und Kidneybohnen jeweils in ein Sieb geben und abtropfen lassen. Sojajoghurt salzen und mit der restlichen Salsasauce verrühren.

3. In eine Schüssel in dieser Reihenfolge schichten: Gurkenwürfel, Tomatenwürfel, Eisbergsalat, Mais, Kidneybohnen, Sojasalsa, Sojahack und veganen Käse. Anschließend die zerbröselten Tachochips auf dem Salat verteilen und diesen einige Stunden durchziehen lassen.

## Für 8 Portionen

- 300 g Soja-geschnetzeltes
- etwas heiße Brühe
- Öl zum Braten
- 1 Flasche Salsasauce (ca. 500 ml)
- ½ Packung Gewürzmischung Chili con Carne
- 1 Salatgurke
- 4 Tomaten
- 1 Eisbergsalat
- 1 Dose Maiskörner
- 1 Dose Kidneybohnen
- 400 g Sojajoghurt
- Salz
- 150 g geriebener veganer Käse
- 1 Packung Tacochips

Das Bild zu diesem Rezept finden Sie auf S. 65.

# Cremiger Kartoffelsalat

Zubereitungszeit: ca. 40 Minuten

## Für 4 Portionen

- O 1½ kg festkochende Kartoffeln
- O 150 ml Sojamilch
- O 3 EL Essig
- O 1 TL Salz
- O 1½ TL Senf
- O ½ TL schwarzer Pfeffer aus der Mühle
- O 200 ml Olivenöl
- O 200 g Sojajoghurt
- O 1 rote Zwiebel
- O 3 EL Kapern (optional)

1. Kartoffeln gut 30 Minuten weich garen. Anschließend pellen, in Scheiben schneiden und auskühlen lassen.

2. Sojamilch in einen hohen Mixbecher geben. Essig, Salz, Senf und Pfeffer dazugeben und den Pürierstab in den Mixbecher stellen; so mixen, dass der Pürierstab immer den Boden berührt, den Stab nicht bewegen. Während des Mixens ganz langsam das Öl einfließen lassen. Die Sojamilch-Öl-Masse soll etwas eindicken. Anschließend den Sojajoghurt unterrühren und mit Salz abschmecken.

3. Zwiebel abziehen und klein hacken. Die ausgekühlten Kartoffelscheiben mit der Mayonnaise, den Kapern und den Zwiebeln vermischen. Salat nochmals mit Salz und eventuell Senf abschmecken.

**Tipp** Für mehr Frische klein gewürfeltes Gemüse wie Tomaten, Gurke, Paprika, Kohlrabi oder Karotten unterrühren.

# Rezeptregister

## A

Artischocken-Pita,
  erfrischende   47

Asia-Filetburger, spicy   27

Asiatischer Kohl Wrap   40

## B

Burgerbrötchen
  selbst gemacht   16

## C

Caesar's Salad mit
  Chicken-Streifen   68

Chili-Wrap   42

Chips, indische   60

Cremiger Kartoffelsalat   70

Crunchy Mexican Burger   22

Curry-Hotdog   36

## E

Erdnusssauce   56

Erfrischende
  Artischocken-Pita   47

## F

Falafel-Sandwich   54

Fitness-Wrap   43

## G

Gartenburger   18

## Gewürzpommes   60

Green Power Pita   48

## H

Hummus   56

## I

Indische Chips   60

## K

Kartoffelsalat, cremiger   70

Kichererbsenburger
  mit Kräuterketchup   33

Kohl-Wrap, asiatischer   40

Kräuterketchup   56

## M

Mayonnaise, vegane   57

Mediterran
  gefüllte Pita   50

Mexican Burger, crunchy   22

Mexikanischer
  Salsaburger   26

## P

Pita, mediterran
  gefüllte   50

Pommes nach
  italienischer Art   62

Porree-Pilz-Pita   52

## R

Rauchburger mit
  Mangochutney   24

Rosmarinwedges   64

Rote-Bete-Burger   20

## S

Salsaburger,
  mexikanischer   26

Schnitzelsemmel   17

Sesam-Falafel-Wrap   44

Smoked Pommes   61

Spicy Asia-Filetburger   27

Süßkartoffelburger   28

Süßkartoffelpommes   66

## T

Tacosalat   69

Teriyaki-Ananas-Burger   30

Tomaten-Auberginen-
  Burger mit Avocado   32

Tsatsiki-Hotdog   34

## V

Vegane Mayonnaise   57

## W

Weißwein-Gemüse-Wrap   46

Western Wedges   64

# Zutatenregister

**A**

Artischockenherzen 47
Ananas 30
Apfelmus 12
Aubergine 32, 50
Avocado 12, 32, 43, 48

**B**

Banane 12
Basilikum 62
Bratwürste, vegan 34, 36
Brötchen 17,18, 20ff., 30ff.
Butter, vegane 16, 33

**C/D**

Champignons 46, 52
Chinakohl 27, 40
Chili 22f., 30, 36, 40f., 52ff., 64, 69
Currypulver 24, 27, 28, 36, 60, 61
Dill 18, 48

**E/F**

Ei-Alternativen 12
Eisbergsalat 68, 69
Essig 34, 43, 47, 57, 66ff
Erdnussmus 56
Falafel 44, 54
Feldsalat 43, 46, 48
Fladenbrot 54

**G/H**

Gurke 17 ff., 34, 36, 42, 43, 54, 69, 70
Haselnüsse, gemahlen 20, 33
Hefe, frisch 16

Hefeflocken 33
Hotdog-Brötchen 34, 36
Hummus 47, 54, 56

**I/J**

Ingwerwurzel 40
Jalapeños 26

**K**

Karotten 24, 27, 43, 50, 70
18, 20, 60ff., 70
Käse, vegan 20, 52, 69
Kichererbsen 28, 33, 44, 56
Kidneybohnen 22, 26, 42, 69
Koriander 40, 44, 56
Kreuzkümmel 28, 42, 44, 56

**L/M**

Leinsamen 12
Mais 22, 26, 42, 69
Mangochutney 24
Mayonnaise, vegane 17, 22, 30, 32, 57, 70
Mehl 12, 16, 28, 32, 33, 44

**O/P**

Olivenöl 33, 34, 60, 64ff
Oregano 46, 56, 62
Paprika 17, 18, 24, 28, 34, 40, 43, 46, 48, 70
Paprikapulver 44, 56, 61, 64, 66
Pesto 50
Petersilie 18, 20, 33, 40, 44, 47, 48
Pita-Brot 47, 48, 50, 52, 54
Polenta 64
Porree 52

**R**

Rosmarin 50, 64
Rote Bete 20
Rotkohl 44, 54
Rucola 18, 43, 48, 50

**S**

Schnitzel, vegan 17
Seitanfilets 27, 30, 68
Senf 27, 57, 70,
Sesamsamen 16, 20, 27, 28, 44, 47
Sojageschnetzeltes 42, 69
Sojajoghurt 18, 28, 32, 34, 40ff., 48ff., 62, 68ff.
Sojamehl 12
Sojasauce 22, 27, 40, 43, 56,
Sojasprossen 40
Spinat 43, 48, 50
Süßkartoffeln 28, 66

**T**

Tahin 43, 68
Teriyakisauce 30
Thymian 56, 62
Tofu 9, 12, 24, 68
Tomaten 17ff., 26ff., 33, 41ff., 47, 48, 50ff, 68ff.
Tortillas 40, 42, 43, 44, 46

**Z**

Zitrone 28, 44ff., 56, 68
Zucchini 18, 27, 60, 62
Zucker 16, 43
Zwiebel 20ff., 27, 30, 36, 40 ff., 54, 56, 70

# Impressum

ISBN: 978-3-8094-3286-9

© 2015 by Bassermann Verlag, einem Unternehmen der
Verlagsgruppe Random House GmbH, 81673 München

Jegliche Verwertung der Texte und Bilder, auch auszugsweise, ist ohne die Zustimmung
des Verlags urheberrechtswidrig und strafbar.

Umschlaggestaltung: Atelier Versen, Bad Aibling

Projektleitung: Birte Schrader

Redaktion: Dr. Ulrike Kretschmer, München

Satz und Layout: vm-grafik, Veronika Moga, München

Bildredaktion: Sabine Kestler

Foodfotografie: Udo Einenkel

Foodstyling: Udo Einenkel und Svenja Fox

Herstellung: Reinhard Soll

## Über die Autorin

Michaela Russmann, studierte Gesundheitssoziologin und Autorin, beschäftigt sich bereits seit jungen
Jahren mit gesunder Ernährung. Sie ist Inhaberin der BioWerkstatt in der Wiener Innenstadt, ein Bio-
laden mit großem biologischen Sortiment und veganem BioBistro. Michaela Russmann liebt es zu kochen
und hält insbesondere zum Thema Rohkostküche Workshops und Seminare ab. 2009 erschien ihr erstes
Kochbuch zur rohen Küche, weitere folgten, darunter ihr vom Vegetarierbund Deutschland (VEBU) als
TOP-5-Titel ausgezeichnetes Buch ABER VEGAN.

Druck und Bindung: Neografia, Martin
Printed in Slovakia

Verlagsgruppe Random House FSC® N001967
Das für dieses Buch verwendete FSC®-zertifizierte Papier
*Profimatt* liefert Sappi, Ehingen.

# ACHTUNG, FERTIG, VEGAN!

208 Seiten | 16,99 € (D) | ISBN 978-3-517-09278-2

»So geht vegan!« hilft, den Start in die vegane Ernährungs- oder sogar Lebensweise zu erleichtern. Der Leser bekommt in einem 10-Punkte-Programm alles an die Hand, was er braucht, damit der Umstieg kein Frust wird. Mit über 100 einfachen Rezepten, Hintergrundinfos und praktischen Tipps zu Einkaufsquellen oder versteckten tierischen Inhaltsstoffen.

# NOCH NIE WAR VEGAN GENIESSEN SO EINFACH UND LECKER!

144 Seiten | 17,99 € (D) | ISBN 978-3-517-08777-1

björn moschinski
vegan
kochen
für alle

südwest

Björn Moschinski, der bekannteste vegane Koch der Szene, zeigt, dass der vermeintliche Verzicht so lecker und vielfältig ist – und begeistert damit auch alle, die nur zeitweilig eine Alternative suchen. Köstliche Rezeptideen, die nicht nur für Abwechslung auf dem Teller sorgen, sondern auch mit saisonalen Zutaten ganz leicht zuzubereiten sind.

südwest
MEHR VOM LEBEN